LE CANADA

PENDANT LA GUERRE FRANCO-PRUSSIENNE

Enrégistré au bureau du ministère de l'Agriculture, à Ottawa, par Faucher de Saint-Maurice—Narcisse-Henri-Edouard—en l'année mil huit cent quatre-vingt-huit.

LE CANADA

ET LES

CANADIENS-FRANÇAIS

PENDANT LA GUERRE FRANCO-PRUSSIENNE

PAR

Faucher de Saint-Maurice

DÉPUTÉ A L'ASSEMBLÉE LÉGISLATIVE, ANCIEN CAPITAINE STAGIAIRE AU 2e BATAILLON D'INFANTERIE LÉGÈRE D'AFRIQUE, CHEVALIER DE LA LÉGION D'HONNEUR, PRÉSIDENT DE LA SECTION FRANÇAISE DE LA SOCIÉTÉ ROYALE DU CANADA, PRÉSIDENT DU SYNDICAT DE LA PRESSE DE LA PROVINCE DE QUÉBEC, ETC.

QUÉBEC
Imprimerie Générale A. COTÉ et Cie
1888

LE CANADA

ET LES

CANADIENS-FRANÇAIS

PENDANT LA GUERRE FRANCO-PRUSSIENNE (1)

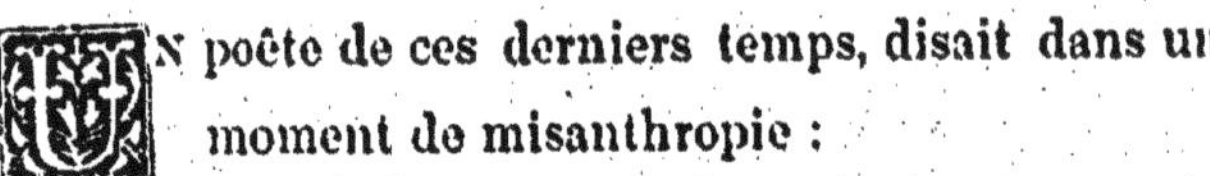

Un poète de ces derniers temps, disait dans un moment de misanthropie :

> En vérité ce siècle est un mauvais moment !

Et pourtant Alfred de Musset n'avait encore rien vu. Lorsque sonna 1870, il dormait depuis treize ans sous un des rares saules du Père Lachaise.

---

(1) Une partie de cette étude a été lue devant le Club de l'Union Commerciale de Saint-Roch de Québec.

1870 ! quelle année funèbre! Qui comptera les morts, les larmes, les humiliations qu'elle entraina dans son cours ? En ces temps-là, il ne s'élevait plus de terre que des vapeurs de sang. Les croyances croulaient. La paix n'était plus devenue qu'un rêve, et aussi loin que plongeait la pensée humaine, elle ne trouvait que sanglots, deuils, anéantissements. La misère et l'incendie semblaient avoir élu domicile au Canada ; le Mexique se debattait toujours au milieu de son cloaque de révolutions ; Cuba, la reine des Antilles, n'était plus qu'un Montfaucon où se heurtaient des corps de suppliciés politiques ; Valparaiso venait d'être bombardé ; le Brésil morne et silencieux au milieu de son triomphe regardait le Paraguay vaincu. Par de là l'Atlantique, l'Irlande, mourait toujours de faim ; la Pologne râlait son éternelle agonie ; l'Espagne luttait corps à corps avec l'anarchie ; l'Autriche se faisait impuissante ; la Russie démembrait l'Asie par fragments ; la Turquie s'épuisait dans ses harems ; l'Italie dépossédait le vicaire du Christ ; la Chine faisait des martyrs, et au milieu de tous ces bouleversements la main de Celle qui avait reçu de Dieu la mission d'éclairer les peuples de l'univers, se prenait à vaciller. Son flambeau allait s'éteignant, et profitant de la demi obscurité où le monde se trouvait plongé, l'étranger cherchait à violer la France, notre mère.

Dire ce que nous avons souffert depuis le jour terrible où la première botte prussienne a foulé le sol que nous aimons tant, devient impossible ! Il faut pour se bien rendre compte de notre angoisse nationale, avoir vu les ouvriers canadiens, en blouse de travail, portant sur leurs épaules ces copeaux glanés au chantier et destinés à faire bouillir le pot au feu du soir, se grouper tristement au coin des rues. Ils répondaient énergiquement à ceux qui racontaient les flagellations de la mère-patrie :

—Ça n'est pas vrai !

Et le lendemain, au chantier, à l'atelier, dans la boutique, aux forges, derrière le comptoir, tous ces soldats du travail essayaient à qui mieux mieux à se relever le moral. Ils espéraient pendant tout le jour : puis, le pain quotidien arraché, les tristes nouvelles confirmées, on les voyait, cœurs navrés, regagner le logis, et tristement la soirée se passait à rêver à la France, la tête appuyée sur ce bras nerveux qui ne pouvant plus lui donner l'obole du sang, cherchait du moins à lui apporter l'obole du travail.

Pour se relever le moral on se racontait alors les prouesses des aieux. On parlait parmi les lettrés du temps de *monsieur le marquis* de Montcalm, des batailles de la Monongahèla, de Carillon, de Fort Bull, de Montmorency. La vieille grand'mère racontait ce qu'elle avait entendu dire à la sienne. Des femmes, des vieillards, des enfants, disait-elle, avaient traînés les fourgons du chevalier de Lévis depuis le fort Jacques Cartier jusqu'à Lorette. Il faisait 12 dégrés de froid, mais on n'avait pas de bêtes de somme pour conduire le train, et peinant, tombant, se relevant dans la neige et la glace, ces faibles allaient toujours, menant ainsi leurs général à la victoire de Sainte Foye.

D'autres avaient connus Evanturel, le vieux soldat chanté par Octave Crémazie, Fay, l'ancien hussard de Grouchy, LeBlanc, l'ancien soldat de la garde, devenu tambour major de la société Saint-Jean-Baptiste de Quécec, et plus, d'un autre vétéran de l'Empereur. Ils causaient de Marengo, de Friedland, d'Austerlitz, d'Iéna, de Lutzen, d'Eylau, de Champaubert ; tous savaient sur le bout des doigts les victoires de Crimée, d'Italie et du Mexique.

C'est ainsi que se passaient ces tristes soirées. Et

les jours succédaient aux jours, apportant les uns des fanfares de victoire, les autres des glas de défaites.

Dans les rues des villes s'étalaient des tableaux noirs : des dépêches y étaient inscrites à la craie. La foule les lisait ; elle les commentait tantôt avec des larmes, tantôt avec des cris de joie.

Le 20 août ces tableaux noirs disaient :

Grande bataille à Metz.—Deux généraux prussiens tués ; deux autres blessés. La garde impériale a donnée : 20,000 prussiens sur le champ de bataille. Le prince royal de Prusse est blessé. Un régiment de lanciers allemands a été taillé en pièce ; ses drapeaux ont été enlevés. 10 espions prussiens ont été fusillés à Montmidy. L'armée prussienne du centre a été à peu près anéantie. Le prince Albert de Prusse a été trouvé parmi les morts. Le régiment du prince de Bismarck vient d'être annihilé. Les paysans ont fait prisonnier un détachement de dragons ennemis. Grande bataille sur la Moselle. Brillante victoire des Français. Des milliers de Français s'enrôlent dans la mobile. 20,000 arabes viennent de partir pour la France.

Ces en-têtes de dépêches que j'ai noté avec soin, étaient lus généralement par un ouvrier ; la foule soulignait chaque bonne nouvelle.

Le 20 août le Canada français fut en liesse. *L'Evenement* de Québec faisait suivre de ces remarques le bulletin cité plus haut :

" Depuis dimanche les Français n'ont eû que des succès. Aujourd'hui ce n'a été par toute la ville qu'une joie, qu'un délire. On parle d'illuminer. Les drapeaux tricolores flottent sur des centaines de maisons de Saint-Roch et de la Haute-Ville de Québec."

Ce soir là, devant la porte d'un banquier de Saint Roch, M. William Venner, je me rappelle d'avoir vû quatre ou cinq cents personnes chantant la *Marsaillaise* et le *Départ*. M. Venner donnait lui-même le signal.

Les dépêches arrivées à Québec le 22 août furent aussi annoncées en grosses lettres. Elles disaient :

Les Prussiens sont tout probablemant cernés par les troupes françaises.

Une bataille décisive imminente. Pertes des Prussiens à Rezonville 40,000. *Corps du général Steinmetz en pièce : sa cavalerie annéantie. Strasbourg en flamme. Communication difficile entre Bazaine et MacMahon. Phalsbourg a capitulé. Verdun est au pouvoir des Prussiens.*

Le 23 août, le malaise s'accentuait de plus en plus parmi nos gens. Ils ne savaient plus à quoi penser.

Ils avaient lû ce jour là sur l'inéxorable tableau ces dépêches :

Le prince royale de Prusse marche sur Paris. Bazaine quitte Metz. La confusion augmente dans Paris. Napoléon III est en fuite. Les d'Orléans sont réintégrés.

Le 24 tout allait pour le mieux. Cinq dépêches annonçaient coup sur coup des succès pour les troupes françaises, à la grande joie de la population. Elles disaient :

Les Prussiens énormement affaiblis. Bazaine a reçu des renforts : il est maître de la situation. Les lignes prussiennes sont enfoncées à Montmidy. Cri d'horreur dans toute l'Allemagne. Frégate prussienne capturée. Mac-Mahon a rejoint Bazaine. 520,000 *prussiens marchent à la bataille. Bazaine refuse le passage de la Belgique à* 85,000 *prussiens.*

Je ne suis que modeste chroniqueur, et je raconte ici simplement ce que l'on nous faisait croire au Canada en ce temps-là.

Le 25 la nouvelle nous parvint d'un grand combat naval.

Le 26 les bonnes nouvelles persistaient : et, ce fut tout.

Nous ne reçumes plus de bulletins.

Alors une grande inquiétude s'empara de la population. Les querelles politiques se turent : tous les yeux se tournèrent vers la mère patrie. Nous étions attristés, mais nous ne perdions pas courage. La presse de l'époque est un fidèle tableau des émotions par où nous passions.

L'*Evénement* du 28 août disait :

"—A la pensée de la lutte que soutient la nation dont nous descendons, le sang français se remet à couler dans nos veines comme si rien ne l'avait glacé ; et nous acclamons le drapeau de la mère-patrie comme s'il n'avait cessé de flotter sur nos têtes.

" Nous avons beau dire et beau faire, nous être faits aux circonstances, aimer notre sort, ne conserver plus de regrets, mettre aillieurs nos espérances, la France reste pour nous la France. C'est notre seul amour national, la source même de notre patriotisme ; et s'il disparaissait jamais, rien ne le remplacerait. L'âme de notre peuple serait pour toujours fermée aux nobles élans. Nous estimons l'Angleterre, nous lui sommes reconnaissants de nous avoir donné le plus précieux des biens, la liberté. Nous admirons les Etats-Unis dont la prospérité nous éblouit ; mais nous n'aimons avec passion que la France. Son nom seul peut nous faire tressaillir ; et lorsque, il y a deux ans, nos jeunes gens s'enrôlaient dans les zouaves pontificaux, la pensée de traverser le sol où les ancêtres étaient nés et d'aller servir à côté de Bretons et de Normands, doublait leur ardeur.

" Ce noble sentiment, ce généreux enthousiasme n'a rien d'offensant pour les peuples qui nous entourent. Ils montrent jusqu'à quel point nous poussons la fidélité, puisque rien n'a pu nous détacher de nos premiers protecteurs. Un peuple ne vaut que par le culte qu'il conserve pour ses traditions. Le nôtre se tournerait demain contre ceux qui le protègent aujourd'hui, s'il pouvait oublier ceux qui ont soutenu ses premiers pas. Ingrats pour la France maintenant, nous le serions plus tard pour l'Angleterre.

De son côté le rédacteur du *Journal de Québec* écrivait :

"—Nous n'hésitons pas à le dire, le monde entier doit secourir la France. C'est son devoir, c'est le devoir de la reconnaissance, le plus sacré de tous les devoirs. On peut oublier les hauts faits d'une nation, ses guerres, ses victoires, ses conquêtes ; on peut oublier tout cela, mais ses bienfaits, jamais! Que le monde se souvienne de tout ce que la France a fait pour son bien-être matériel et intellectuel. Que tous les peuples se rappellent ce que la France a fait pour chacun d'eux en particulier. Qu'ils se rappellent que la France, avant d'étonner l'univers par sa résistance plus qu'héroïque l'a rempli d'admiration pour ses œuvres, par l'immense impulsion qu'elle a donnée aux lettres, aux sciences, aux arts, à la civilisation, au progrès. Voilà ce qui fait que l'obligation de secourir la France est une obligation universelle, puisque la dette de reconnaissance qui lui est dûe est une dette générale.

"Chaque peuple est débiteur de la France. Tous sont ses obligés. Que le Canada suive les nobles exemples de l'Europe et de l'Amérique. Que des sociétés de secours s'organisent ici dans nos villes, dans nos campagnes. Envoyons notre part. Elle ne sera pas considérable: nous sommes pauvres. Qu'importe? En donnant notre obole nous aurons du moins la satisfaction de n'avoir pas forfait à notre devoir."

De suite les Français vinrent se grouper autour d'un

de leurs doyens, M. le docteur Pourtier. J'étais à cette réunion. Il y avait là douze français ; nous étions en outre six canadiens français. Il fut unanimement décidé d'offrir la direction complète du mouvement au Consul général de France au Canada, M. Fréderic Gautier. Une assemblée fut resolue ce soir là—nous étions au 10 août—pour le 18 du même mois ; mais malgré qu'elle eut été annoncée dans les journaux, elle ne fut pas généralement connue. Il n'y eut que 500 canadiens qui se rendirent à la porte du consulat. Des discours patriotiques fûrent prononcés par l'honorable M. Cauchon, le juge Henri Taschereau, M. G. Amyot M. P., et autres.

—*La Marseillaise !* cria quelqu'un.

Une triple clameur s'éleva dans l'air et la masse s'ébranla aux premières notes

Allons enfants de la patrie !

Laissons la parole aux journaux du temps.

—La procession qui se grossissait toujours de personnes de tout rang et de tout âge, vieillards, jeunes gens, tous français, traversa quatre de front la place Frontenac. Elle prit la rue Buade, descendit la rue de la Fabrique, suivit la rue Saint-Jean jusqu'à la rue Saint-Augustin dans la côte d'Abraham, parcourut cette rue, la rue de la Couronne, la rue Saint-Joseph, la rue du Pont, fit halte, puis continua sa route en suivant les rues du Pont et de Saint-Valier jusqu'à la Basse-Ville, où elle se dispersa en entonnant le dernier couplet de la Marseillaise et aux cris de Vive la France ! Vive l'armée !

— Et l'on dira ajoute *l'Evénement*, à qui j'emprunte ces détails, que le patriotisme est endormi chez nous et que nous sommes moins français que le premier de nos aïeux quand il mit le pied sur les rives du Saint-Laurent ? "

Le 18 août une assemblée était convoquée chez M. Gautier, consul général de France. Sur proposition de M. le docteur Pourtier, président depuis longtemps de la Société de bienfaisance française de Québec, et de l'honorable M. Cauchon, mort depuis gouverneur au Manitoba, on procéda à la formation du comité de la souscription nationale. Soixante-dix-sept des principaux citoyens de Québec en firent partie. Au besoin ils avaient le pouvoir de s'adjoindre d'autres personnes (1).

---

(1). Ce comité fut composé dès le début, de l'honorable M. Cauchon ; de M. le Dr. Pourtier ; de l'honorable J. Thibaudeau, ancien ministre ; de l'honorable Henri Taschereau, ancien député et juge ; de MM. Eugène Chinic,

Le but de l'organisation était "de faire parvenir aux blessés de l'armée française de terre et de mer, comme aux veuves et aux orphelins des militaires qui succomberont du côté de la France dans la guerre actuelle, une preuve de patriotisme de la part des français, et de cordiale sympathie de la part des habitants du Canada quelque fut leur origine." M. Alexandre

T. LeDroit, J. B. Paillon, de l'honorable Chaussegros de Lery, sénateur et conseiller législatif, de l'honorable M. Garneau, conseiller législatif, ancien ministre, de MM. A. Dessane, Paul Cousin, Michel, Alméras, William Venner, de l'honorable M. Joly, plus tard premier ministre, de MM. Ignace Fortier, L. Paradis, Jolivet, G. Amyot plus tard député, J. B. Renaud, Norbert Germain, Jean Lord, Kérouac, Léon Arel, M. Tardivel, J. A. Tapin, J. G. Barthe, F. X. Roy, Louis Amyot, W. Muir, greffier de l'Assemblée, P. Fournier, George Duval, greffier de la Cour Suprême, de l'honorable M. McGreevy, conseiller législatif, de l'honorable John Hearn, député, de MM. Mathew Hearn, J. Connolly, John Roach, Alfred Venner, Jacques Blais, Dr. Rinfret, député, de l'honorable J. E. Gingras, conseiller législatif, de MM. N. C. Faucher de Saint-Maurice, Jules Faucher de Saint-Maurice, La France, Dr. Lemieux, F. Peachy, Dr. Rousseau, Donohue, Félix Fortin, J. B. R. Dufresne, Louis Lamontagne du *Journal de Québec*, M. Beaudet, John Sharples, J. D. Brousseau, député, Léger Brousseau du *Courrier du Canada*, P. Vallée, Isaac Dorion, Augustin Côté du *Journal de Québec*, H. Fabre de l'*Evénement*, l'honorable M. Evanturel ancien ministre, de MM. Cary du *Mercury*, John Foot, du *Quebec Chronicle*, Louis Bourget, Xavier Jullien, Jacques Auger, M. McAvoy, Z. Dubeau, Arthur Dion, J. Leclaire, J. F. Belleau, W. Blumhart, Henri de Lagrave, M. Fuchs, Guillet-Tourangeau, ancien maire de Québec ancien député, Nazaire Turcotte, Napoléon Legendre, Jules Taché, N. Le Vasseur.

Lévis-Recio fut nommé secrétaire de cette organisation.

Les montants perçus étaient remis au Consulat général de France. Il les déposait à la banque nationale, pour être plus tard centralisés et remis à M. Gautier, consul général de France au Canada. Ce dernier devait les faire parvenir à destination avec les noms des donateurs.

Deux français M. le Dr Pourtier et M. Paillon firent voter des remerciements aux Canadiens-Français pour le chaleureux concours qu'ils accordaient à la France, dans la circonstance actuelle.

Le 28 août une assemblée publique fut convoquée à la salle Jacques-Cartier à Saint-Roch de Québec : 2,000 personnes furent présentes. Elles choisirent comme président M. Pruneau, mort depuis maître de poste de Québec, et comme secrétaire M. Guillaume Amyot, député aujourd'hui aux Communes du Canada. MM. Dessane, Amyot, N. Duquet, Arthur Buies, le docteur Charles de Guise prirent successivement la parole. Il fut unanimement resolu, "au milieu de bruyants applaudissements," c'est ainsi que s'expriment les journaux de l'époque :

—Que cette assemblée exprime ses plus sincères sympathies pour la France, dans la glorieuse lutte qu'elle soutient contre la Prusse ; qu'elle fait des vœux ardents pour son complet succès et que c'est un devoir pour tous de contribuer à la souscription en faveur des blessés français."

On avait donné à la souscription le nom de LA SOUSCRIPTION NATIONALE.

En tête de liste venaient le Consul général de France et les honorables MM. Chinic et Thibaudeau. Ils avaient souscrit chacun $100. La première journée la Souscription Nationale atteignit $1,260 ; la moindre somme perçue était de 10 cents. Une pauvre famille du nom de Fortier avait donné à elle seule $18. Ces dollars étaient ainsi reparties : le père $5 ; la mère et chaque enfant $1 ; et $2 pour mademoiselle Joséphine Fortier "comme étant la plus jeune."

Les souscriptions se faisaient un peu partout ; surtout à l'Hôtel-de-Ville.

Le 14 septembre 1870 le consul général de France faisait un premier envoi de fonds. Il consistait en £650 sterlings, soit $3,185.96 fournies par une traite sur la Banque Nationale de Québec. Cette remise était adressée à MM. N. Rostchild et fils de Londres avec prière d'en opérer le recouvrement et de le tenir à la disposition du Ministre des affaires étrangères à Paris. Celui-ci devait à son tour faire parvenir ces fonds à la Commission centrale du secours aux blessés.

Le Consul général de France à Québec terminait sa lettre d'envoi en disant :

—" C'est grâce aux sympathies que rencontre partout dans la Puissance du Canada, mais surtout chez les Canadiens d'origine française, cette œuvre patriotique et d'humanité chrétienne qu'est dû ce résultat d'autant plus beau que le pays vient d'être éprouvé par de terribles incendies. J'ose en témoigner ici, au nom des héroïques défenseurs de la patrie des Jacques Cartier, des Champlain, des Montcalm ma vive et profonde reconnaissance.

(Signé) FRED. GAUTIER.

M. Gautier avait crû, à juste titre, qu'il était de son devoir de télégraphier au Ministère des affaires étrangères de France l'empressement que les Canadiens-français mettaient à souscrire.

Le ministre ému de cette action lui écrivit le 13 septembre 1870 :

"—J'ai reçu votre dépêche du 26 août rendant compte des souscriptions qui ont été ouvertes dans plusieurs villes du Canada pour venir en aide aux blessés de notre armée, à leurs veuves, à leurs orphelins. Les témoignages de sympathie que vous me faites connaître m'ont vivement touché. Je vous prie de vouloir bien remercier cordialement les citoyens Canadiens qui donnent à nos héroïques soldats ces marques d'une générosité fraternelle. Dites leur que si le souvenir de leur ancienne mère patrie est resté vivant dans leurs cœurs, la France elle aussi n'a pas perdu leur souvenir. Elle est toujours fidèle à sa vieille amitié pour les habitants de cette terre autrefois française.

(Signé) JULES FAVRE."

La deuxième liste fournie par Québec à la Souscription Nationale était de $510.08. Parmi les principaux souscripteurs la maison John Sharples s'était inscrite pour $100, l'archevêque de Québec pour $20, le Séminaire pour $50, M. Fry pour $50. Sur ces entrefaites arriva au Consulat général de France la première liste de Montréal; elle était envoyée par le Dr.

Picault, vice-consul, et elle renfermait $1500.12. Puis se succédèrent pendant la même semaine celle du vice-consul de France à Halifax, montant, $297.37½ dont $200 données par le vice-consul Cunard et $50 par l'archevêque; celle de l'agence consulaire de France à Saint Jean du Nouveau Brunswick, montant $225; celle de l'agence consulaire de Toronto, montant $200. A son tour M. G. C. Dessaulles, président du comité de souscription de la ville de Saint-Hyacinthe versait $270.46. Une troisième liste de Québec renfermait la somme de $397.75. Ce fut au moment où elle arrivait au consulat que M. Gautier me proposa de rédiger la circulaire suivante adressée au clergé de la Province :

SOUSCRIPTION EN FAVEUR DES SOLDATS FRANÇAIS BLESSÉS.

Québec, septembre 1870.

Monsieur l'Abbé,

Les populations Canadienne-Française et Irlandaise des grandes villes du Canada ont voulu présenter un témoignage de leurs sympathies envers les soldats Français de terre et de mer, qui ont été blessés, ainsi qu'aux veuves et orphelins de ceux qui succombent, maintenant, dans la guerre entre la France et la Prusse. Des comités se sont formés, des listes de souscription sont ouvertes. Bientôt j'aurai, je l'espère, la satisfaction de pouvoir expédier à Paris, un premier envoi d'argent au comité principal, chargé de distribuer les secours.

Ces preuves de bon souvenir et d'inaltérable dévouement que conservent les Canadiens-Français pour la patrie de leur origine, sont véritablement touchantes ; elles auront du retentissement au fond de tout cœur français, et la terre de souvenance se les rappellera longtemps.

Malgré les souffrances, les incendies, le manque de travail qui pèsent sur le Canada, je croirais manquer une magnifique occasion d'honorer ces sentiments et d'affirmer l'ardent patriotisme de vos paroissiens, si je ne venais vous prier, avec l'assentiment de l'Archevêché, de les associer à la grande et belle œuvre qui s'accomplit maintenant, partout où pense et prie une âme française.

Veuillez donc, Monsieur le Curé, au nom des blessés glorieux, au nom des veuves et des orphelins que laissent derrière eux les morts héroïques de la patrie, faire dans votre paroisse une tournée à domicile. Les gros sous du pauvre figureront tout aussi noblement que les dollars du riche à ce rendez-vous de l'humanité et de la charité chrétienne.

Joignez-y vos prières, monsieur le Curé, et puisse Dieu protéger la France.

J'ai l'honneur d'être,

Monsieur l'Abbé,

Votre très-obéissant serviteur

(Signé) FRED. GAUTIER.

Consul général de France, Président du Comité de Souscription en faveur des soldats Français blessés.

A Monsieur le Curé.

P. S.—Quand vous m'adresserez le produit de votre quête, joignez-y, je vous prie, les noms des personnes qui auront donné.

Cette circulaire ne tarda pas à produire son effet. Bientôt l'obole du pauvre, du colon, du travailleur des champs, du bucheron, s'achemina vers le Consulat général. Parmi mes notes de l'époque je relève ces souscriptions. Quelques-unes sont minimes : tout de même, elles prouvent le bon sentiment des pauvres qui donnaient : c'était un sou quelque fois, mais ils le donnaient de tout cœur.

Paroisse de Charlesbourg	$ 29	00
— Saint Jean d'Eschaillons	25	00
— Frampton	8	25
— Ste Catherine de Fossambault	3	00
— Ancienne Lorette	80	00
— Sainte Marguerite	40	20
— Lambton	3	60
— Saint Anselme	15	00
— Chicoutimi	18	00
— Saint Félix du Cap Rouge	17	60
— Saint Patrice du Cap Breton	45	00
— Saint Augustin	58	28

Cette dernière paroisse venait de perdre soixante maisons brulées dans un incendie !

Ces petites sommes representaient bien des sueurs.

Chez nous la terre est rude à l'homme. Pour souscrire ainsi il faut faire faire dans les champs bien des tours à sa charrue ; il faut donner bien des coups de hache dans la forêt. Qu'importaient ces heures de pénible travail à nos paysans, à nos habitants ? Elles n'étaient pas perdues. Il s'agissait de la France, et ils offraient ce que leur honorable pauvreté leur permettait de donner,

Dans ces temps-là tout le monde avait le cœur gros. Je me rappelle de ma servante, Marie Lafontaine. Elle savait gronder à la porte. Elle faisait une cuisine tolérable ; mais elle prenait pour des sorciers les gens qui savaient lire et écrire. Le dimanche où se fit au prône des églises la lecture de la circulaire du Consul général, elle m'arriva toute émue.

—Monsieur, me dit-elle, c'est demain le jour où vous avez l'habitude de me donner mes gages. Cela vous serait-il égal de les envoyer à M. le Curé Auclair? Il les remettra à *nos gens*. Il m'apparaît qu'ils souffrent là-bas.

Et inconsciemment, cette sublime ignorante qui ne connaissait du monde que la géographie de son cœur pointait de son doigt le côté où se trouve la France !

Voilà quels étaient nos sentiments en 1870. Depuis les plus petits jusqu'aux plus grands, tous pleuraient, tous priaient, tous avaient les yeux tournés vers la mère patrie.

Pendant que le Canada souscrivait ainsi, arrivait au comité central de la souscription nationale un appel en faveur des veuves et des orphelins français. Ils étaient chassés de leur pays par la guerre. Ils inondaient les rues de Londres. Ils étaient sans abri, sans pain, sans vêtements. " On les voit errer, disait la circulaire, dans la grande ville, la mort sur la figure et le désespoir dans l'âme. " Les dames de l'aristocratie anglaise s'étaient formé en comité. La présidente, madame la marquise de Lothian, venait d'écrire une lettre adressée aux dames canadiennes.

Les Ursulines, l'Archevêché, le Séminaire, l'Hôtel-Dieu, les dames de Jésus Marie, celles de l'Hôpital-Général, les femmes de ministres, de députés, les pauvres, les riches répondirent avec empressement à ce cri de détresse. Les femmes se formèrent en comité sous la présidence de madame juge en chef Duval ; elles élirent comme trésorière madame juge Ulric Tessier.

Depuis ces deux grandes âmes s'en sont retournées vers Dieu, laissant derrière elles un nom intimement lié à la charité chrétienne et à la société française.

Le secrétaire de ce comité, M. l'abbé Raymond Casgrain, fut bientôt en mesure d'annoncer au public que la première liste avait atteint le chiffre de $306 ; une deuxième liste publiée trois jours après ajoutait $200 à ces chiffres ; une troisième liste donnait $80 ; une quatrième, $55 ; une cinquième $30, ce qui portait le montant expédié au comité de Londres par madame juge Ulric Tessier à la somme de $689.

La quatrième liste du Consul général de France atteignait la somme de 238.85. A ce chiffre vint se joindre le deuxième versement du vice-consul de France de Montréal ; il était de $1,000.41. D'autres sommes considérables s'ajoutèrent à ces dernières. C'étaient $468.28 venant des paroisses ; un versement de $100 de l'agent consulaire de Toronto ; un versement de $200 du vice-consulat de France à Sydney, Cap Breton, l'honorable sénateur Bourinot, mort depuis ; un deuxième versement de $65, venant de la ville de Saint-Hyacinthe et remis par l'honorable M. Mercier, aujourd'hui premier ministre de la province de Québec.

L'acte de générosité que venait de faire Saint-Hyacinthe ne devait pas être oublié. En ces jours de deuil de 1870 cette ville avait versé $374.05, pour les blessés de la France. Plus tard elle fut dévastée par un incendie. Notre chargé d'affaires à Paris, M. Paul de Cazes, alla voir l'ancienne présidente du comité des souscriptions en faveur des blessés de France, madame la maréchale de MacMahon. Le duc de Magenta était alors président de la République. Madame la duchesse versa en cette circonstance une somme de 3,000 francs, prise sur sa cassette particulière. Elle était destinée aux victimes de l'incendie de Saint-Hyacinthe.

Je l'ai déjà dit : le 14 septembre, M. Gautier envoyait à la maison Rostchild de Londres pour être tenue à la disposition du Ministre des affaires étrangères la somme de £650 sterling. Le 28 octobre une seconde traite de £550 sterling fût tirée sur la même maison pour le même motif, et le 3 novembre il restait dans la caisse de la Souscription nationale une somme $294.80.

Partout, à Danville, dans les paroisses, dans les campagnes se tenaient des assemblées publiques.

A Saint-Jean, l'honorable M. Marchand ancien ministre, aujourd'hui président de l'Assemblée Législative, faisait une souscription à part. Elle était "en faveur des paysans français qui souffrent le plus de la guerre contre la Prusse."

Le Ministre des affaires étrangères accusait en ces termes la réception de cet envoi. Cette lettre était adressée au Consul général, M. Frédéric Gautier.

Paris le 30 octobre 1871.

Monsieur,

Vous m'avez fait l'honneur de m'adresser le 15 septembre dernier une traite de la somme de 2,541 francs, 80 centimes produit de souscriptions recueillies à Saint-Jean d'Iberville par M. Marchand, membre de l'Assemblée Législative de la Province de Québec, au profit des paysans français victimes de la guerre.

J'ai transmis cet effet à monsieur le Ministre de l'Agriculture et du Commerce, en le priant d'en employer le montant conformément au vœu des donateurs. Vous voudrez bien, en outre, en le remerciant personnellement en mon nom, prier monsieur Marchand de se porter auprès des souscripteurs l'interprète des sentiments de gratitude du gouvernement de la République.

Recevez, monsieur, l'assurance de ma considération très distinguée.

(Signé) DE RÉMUSAT.

Partout dans les paroisses canadiennes françaises régnait le même enthousiasme.

Un homme qui repose en paix, aujourd'hui, sur cette terre de Nouvelle-France qu'il a tant aimée, un écrivain charmant, plein de tact, d'esprit, de délicatesse, un causeur tout à la fois brillant et charitable, M. Auguste Achintre, me décrivait ainsi une scène de cette époque.

—Je viens de relire, mon cher ami, le petit chef-d'œuvre d'un mort aimé. Il est intitulé : *Pourquoi nous sommes Français.*

Il est signé par Oscar Dunn.

Que de douces choses, cette lecture m'a rappelée ! C'était il y a quinze ans, au commencement de septembre, par une de ces magnifiques journées qui, ici au Canada, conservent encore la parure et l'éclat radieux de l'été, sans en avoir cependant les énervantes couleurs.

Une foule d'invités de tout âge et de tout sexe, assise ou debout, sur le pont du petit steamboat le *Notre Dame* qui pour la première fois violentait les eaux calmes de la petite rivière Yamaska, nous emportait au bruit de son sifflet et des palettes de ses roues entre les rives bordées de curieux, vers le village de Saint Césaire. C'était non-seulement la célébration de la mise à flot du vapeur *Notre-Dame*, mais mieux la réunion, à cette occasion, de tous ceux qui aimant la France, voulaient bien en ces temps d'horribles revers, lui prouver leurs sympathies et venir à son aide en souscrivant pour ses blessés.

Ce fut dans la mémorable séance de ce jour, donnée dans la salle du collège, que notre bon ami Oscar Dunn prononça en discours l'étude "*Pourquoi nous sommes Français.*"

En relisant ce morceau qui n'a point vieilli, tant les idées sont justes et vraies, tant la forme est adequate à la pensée et au sentiment, je revoyais, j'entendais ce brave garçon s'animer de son débit, et sous les bravos du public, rougir, pâlir tour à tour, les yeux pleins de larmes, tout frémissant de plaisir de voir qu'il était compris, que les cœurs de l'auditoire vibraient à l'unisson et que son discours devenait un hors d'œuvre, puisque l'attitude, les voix, l'enthousiasme de tous, à certains passages, lui renvoyant l'écho de ses propres pensées, montraient involontairement qu'ils savaient en criant vive la France ! pourquoi ils étaient restés Français.

A travers les périodes de ce simple discours, passe un grand souffle de patriotisme, et dans certains paragraphes, tels que ceux traitant les qualités de la langue française, l'on y remarque une finesse d'analyse et d'aperçus rendus dans un style sobre et clair, éminemment français.

Au sortir de la séance l'on se rendit à l'église située à quelques pas, de l'autre côté de la place.

Là, le vénérable curé de la paroisse, M. Provençal, monta en chaire et rappelant en quelques paroles émues les liens de sang et de race, les affinités de cœur et d'esprit entre les Français et les Canadiens conclut en recommandant de prier pour le succès des armes de l'ancienne mère-patrie, et à tous ceux qui le pourraient de donner leur souscription pour les blessés.

Puis au milieu du recueillement général la récitation des litanies de la Vierge commença.

Qui ne connait cette magnifique invocation à la Mère du Sauveur, cette définition mystique des grâces et des perfections morales de la femme, de ce qui constitue la pureté, l'honneur, le dévouement de la Vierge, de l'Epouse, de la Mère ?

Etoile du matin !
Tour d'ivoire !
Arche d'alliance !
Mère admirable !

Et à chacun de ces versets l'assistance répondait :

Priez pour nous !

Dans ce lieu, à cette heure du jour, la scène grandiose dans sa simplicité, devenait attendrissante.

Les rayons du soleil à son déclin traversant les vitraux coloriés, plaquaient sur les piliers, les nefs et les murs des chapelles des tons affaiblis de pourpre et d'or, mêlés à des nuances violettes, brunes et argent, au milieu desquelles les têtes des assistants paraissaient comme baignées dans un poudroiement lumineux.

Representez-vous, mon cher ami, dans ce crépuscule coloré, le vieux prêtre au pied de l'autel, récitant les versets et les fidèles agenouillés murmurant la réponse liturgique.

Au commencement de la cérémonie, assis sur mon banc, les yeux à demi fermés, dès les débuts de l'allocution de ce pasteur à cheveux blancs, une vision étrange, suscitée par ses paroles en faveur de la France, m'apparut tout à coup.

A travers la déchirures d'une nuée d'un rouge sombre, faite sans doute de fumée et de sang, j'entrevoyais des lueurs d'incendies éclairant les campagnes, les villages détruits, le sol jonché de monceaux de cadavres. Ici des hommes et des chevaux ; là, des canons, des affûts et des armes brisées, tordues, et dans l'éloignement des troupes de fuyards : toutes les horreurs de la guerre, multipliées, accrues par la défaite, par l'épouvante.

Le rythme de la récitation des litanies me calma. Sous l'influence du saint cantique, au tableau des désastres succéda l'image d'une grande femme. Elle avait les yeux en pleurs, les cheveux épars : elle était drapée dans une ample tunique tricolore, maculée, trouée, déchiquetée : elle marchait seule à grands pas, avec des gestes désespérés, dans une immense plaine couverte de ruines et de débris fumants.

Il me parut alors que ces litanies étaient comme l'énumération symbolique des vertus de la France chrétienne. Le *Priez pour nous* se changeait en *Priez pour elle.* Priez pour la grande crucifiée, agonisant alors sous le talon des hordes germaines.

Peu à peu les voix faiblirent, des bruits insolites, semblables à ceux de sanglots continus, à l'étouffement de soupirs......se faisaient entendre.

Jetant les yeux autour de moi, j'apperçus des hommes, des femmes qui pleuraient......et gagné par l'émotion, je fis comme eux.........

Quelques minutes plus tard, sous le porche de l'église, Oscar Dunn s'approcha et me regardant de ses grands yeux humides :

—Vous voyez, me dit-il d'une voix altérée, je viens de rappeler à ces braves gens, pourquoi nous sommes restés français ; eux viennent de me répondre à leur manière, comment ils le resteront toujours.

Et il me tendit sa main que je pressai énergiquement. Je n'oublierai de ma vie le souvenir de cette scène que je veux vous faire partager avec moi, mon cher ami, en vous l'écrivant.

Auguste Achintre, Oscar Dunn ne furent pas les seuls à mettre, en ces jours de deuils, leurs plumes au service de la mère-patrie violentée et meurtrie. Norbert Provencher, Elzéar Gérin, Ubalde Beaudry trois morts que pleure aujourd'hui le journalisme canadien firent entendre alors d'énergiques protestations au nom de la France ; ils écrivirent leurs pages la plus émues et les plus poignantes.

Les dépêches données à Québec le 1er septembre annonçaient que MacMahon avait été vaincu. Ici tout le monde croyait qu'elles étaient de sources prussiennes. Un peu plus tard une seconde dépêche parvenue au *Sun* disait laconiquement que les Français avaient battus les Prussiens. Des groupes stationnaient sur les places publiques malgré un temps affreux, Cette foule passait par toutes les péripéties de l'espoir et du désespoir.

—Attendons encore un peu, disait-on : ce n'est pas la grande bataille décisive ; ce n'est qu'un revers partiel.

A midi, il n'y avait pas de dépêches de France.

Pendant trois longs jours nous fûmes ainsi sans nouvelles. Pour une fois la Prusse avait imité la reserve du gouvernement français. Berlin était également sans nouvelles sur le resultat de la grande bataille. De part et d'autres on comprenait que le dernier mot allait se dire. En attendant, les télégrammes envoyées à la presse faisaient circuler la rumeur que Napoléon III était fort malade et que le roi de Prusse était fou.

Tout à coup, à midi une dépêche vient dire :

— L'armée de MacMahon a capitulé. L'empereur Napoléon s'est rendu.

Le roi de Prusse l'annonçait à la Reine. Cette nouvelle demandait confirmation.

Hélas! nous étions loin de cette date du 15 novembre 1745, où Fréderic le Grand roi de Prusse, écrivait à Louis XV roi de France, lors de sa seconde lutte contre Marie Thérèse d'Autriche :

"—Je jouirais encore du bien de la paix, si les intérêts de Votre Majesté ne m'avaient engagé dans la guerre présente. Ses ennemis et les miens, réunis par l'ambition, la haine, la vengeance, conjurent contre moi toutes les puissances de l'Europe, et travaillent avec autant d'acharnement à aliéner mes amis par leurs artifices, qu'à séduire mes amis par leur corruption. Je touche au moment que le prince de Lorraine va tenter une invasion en Silésie pour où je pars incessamment.

" Les Saxons renforcés d'un détachement fait de l'armée du Rhin, vont m'attaquer dans le pays de Magdebourg, tandis que l'impératrice de Russie fait marcher un corps auxiliaire de 12,000 hommes qui s'approchent actuellement des frontières de Prusse. *J'attends de l'amitié et de la bonté de Votre Majesté des conseils dans un cas si épineux, et si Elle pourra se résoudre d'abandonner dans ce danger le* DERNIER ALLIÉ *qui lui reste en Allemagne. Je ne puis me dispenser de Lui dire que le cas est pressant, et que je fais un si grand fond sur son caractère, son amitié et l'étendue de ses lumières que je me promets tout de son assistance.*"

125 ans s'étaient écoulés depuis le jour où ces paroles suppliantes avaient été écrites, et déjà, le roi de Prusse, l'héritier de celui qui proclamait la France aux jours de l'abandon "le dernier allié qui restait à l'Allemagne" annonçait à sa Reine que la France s'était enfin rendue

Ce soir là—c'était un samedi—la tempête continuait toujours. Les bureaux de l'*Evénement* étaient restés ouverts. Une foule énorme, silencieuse, l'encombrait et faisait queue à la porte. J'en faisais partie. "Les uns—dit un témoin oculaire—étaient consternés et comme foudroyés dans leur plus chère affection. Les autres riaient aux éclats de la naïveté de ceux qui ajoutaient foi à la dépêche du roi Guillaume ; ils se grisaient de gaieté pour ne pas laisser accès au désespoir.

"Tous attendaient anxieusement la publication des dépêches, partagés ainsi entre une conviction poignante et un espoir chimérique, lorsque tout à coup la foule s'ouvrit avec respect pour laisser passage à M. Gautier, Consul général de France A l'instant, le silence se fit : tous les regards se portèrent sur lui. A son attitude grave, émue, à cet air auquel on ne se trompe pas et qui révèle un cœur brisé, la certitude se fit dans tous les esprits, et tous les yeux se mouillèrent de larmes. On resta longtemps, pleurant en silence, entourant le représentant de la France de la sympathie la plus vive, du respect le plus profond.

"Nous n'avons jamais vu pareil recueillement, semblable douleur. La France vaincue recevra des hommages plus retentissants, jamais un témoignage de plus sincère affection. Notre propre patrie écrasée, notre propre sol dévasté, n'auraient pas causé à nos âmes une souffrance plus cruelle, arraché à nos poitrines un sanglot plus déchirant. Le peuple canadien tient encore à la France par toutes les fibres du cœur."

Chroniqueur fidèle de ces jours néfastes je tiens à donner une idée de la physionomie de mon pays pendant ces heures terribles pour notre mère-patrie et pour nous.

La défaite fut annoncée en ces termes par l'*Evénement*.

—La vieille France a été vaincue par la Prusse nouvelle, c'est-à-dire par la science et par le progrès appliqués par la guerre. Elle qui a si souvent dévancé les autres nations, qui tant de fois leur a montré la voie, elle s'est laissé surprendre. Se reposant sur son génie qui lui rend tout facile, sur sa valeur qui met tous les prodiges à sa portée, elle a méprisé les forces qui ont changé la face du monde, sans lesquelles les peuples ne peuvent plus rien, et qui ont rendu les héros inutiles.

Eclairée par cette brusque catastrophe la France nouvelle va mesurer la profondeur de l'abime à laquelle elle échappe. Avec cette sorte d'intuition merveilleuse qu'on lui connait, elle va apprendre en un jour ce qui lui a coûté si cher d'ignorer ; et s'élançant avec cette impétuosité, qu'aucune nation n'a possédé au même dégré qu'elle, dans les voies où la Prusse ne s'est avancé qu'à force de temps et de patience, elle la rejoindra bientôt, la dépassera et prendra plus tard, dans toutes les sphères à la fois, une de ces éclatantes revanches qui effacent la trace des humiliations et qui portent du coup au sommet.

Ne désespérons donc pas, Canadiens-français ! A la tristesse de nos âmes, nous sentons que l'épreuve est terrible, la blessure affreuse, la chûte épouvantable ; mais aussi, au fond du cœur comme au fond de l'esprit, une lumière éclate qui nous montre la France reprennant sa place dans le monde."

Un des doyens de la presse canadienne-française M. J. G. Barthe écrivit alors des lettres fort émues.

Il en fut ainsi de M. Arthur Dansereau, de tous les canadiens-français et de plusieurs anglais qui tenaient une plume en ces jours néfastes.

Le 17 novembre 1870 un irlandais adressait en anglais à la *Minerve* de Montréal une longue lettre. Il faisait un chaleureux appel à ses compatriotes en faveur de l'œuvre de la Souscription nationale et il terminait en disant :

—Vive la France ! Vive la belle France !

Que puis-je ajouter à toutes ces marques de sympathie données à notre mère-patrie en ces jours de deuil ? Saint-Roch qui avait vû naitre la Souscription nationale pour les blessés, les veuves et les orphelins, Saint-Roch qui avait vû ceux des siens qui ne pouvaient rien donner aller offrir au Consul de France l'impôt du sang en s'enrolant sous le drapeau tricolore, (1) Saint-Roch voulut être le dernier des nôtres debout près de la mère-patrie blessée. Le 10 octobre avait lieu dans la salle Jacques-Cartier une

(1) Cet épisode de notre histoire fournit à Fréchette une de ses plus belles poésies.

grande soirée dramatique, avec tombola au profit des blessés.

Au milieu de ces actes de patriotisme et de souvenance j'ai pu oublier les plus nobles, les plus beaux. Les cœurs délicats qui en ont été les auteurs me le pardonneront facilement. Ils étaient avec nous au premier rang. En ces temps, où chacun semblait renier le pays qui nous a donné nos ancêtres, le Canada Français s'est levé tout entier. Il a payé de sa personne dans l'humble mesure que lui faisait sa position.

N'oublions pas aussi que bien des noms de souscripteurs n'ont pas voulu apparaître. Leur pauvreté, la somme minime offerte et acceptée, leur donnait pourtant le droit de figurer sur ce tableau d'honneur de notre race.

Le surlendemain de la défaite de Sedan, le vice-consul de France à Montréal versait dans la caisse de secours une somme de $1,500.

Malheureusement l'ombre suit la lumière. Il faut tout dire ici. A côté de ces actes de grandeur d'âme, de charité chrétienne sont venues se placer certaines étroitesses malignes. Nos compatriotes anglais de Québec s'étaient montrés généreux comme toujours.

C'est ainsi que la maison Sharples avait souscrit $100 ; M. Fry, $50. Grisé par les succès prussiens, le *Witness* de Montréal eût l'impudence d'écrire ce qui suit :

"—A Québec et partout ailleurs nous avons des témoignages évidents prouvant que le Canada a échappé à un grand danger. Si Napoléon III eut obtenu un plein succès, l'esprit national des populations françaises et irlandaises catholiques aurait pris des proportions trop grandes pour être réprimé, et il serait publiquement tombé dans les extravagances d'une nature perfide. Dans tous les cas la position des enfants d'Albion n'aurait pas été des plus belles. La même chose serait arrivée en Irlande, et dans les Etats-Unis la population irlandaise aurait été surtout rampante. Le fusil à aiguille de la Prusse a, inutile de le répéter, éloigné ce danger ; et toutes les classes de notre population peuvent maintenant vivre en paix."

Ce maître Aliboron avait jugé le moment opportun pour lever le pied sur la France qu'il croyait écrasée. Et pourquoi pas ? il y a bien de par le monde des roquets qui sont aussi courageux que lui. Ils prennent un air de matamore quand ils ont levé la patte sur les monuments.

L'unique réponse à ces vilénies fut le succès de la Souscription nationale. Cette éloquence en valait bien une autre. L'année avait été difficile. En 1870 le feu balayait un des quartiers les plus français de Québec. L'incendie dans les bois abattait une immense région forestière. Au Saguenay toute la récolte était brulée : des milliers de personnes se trouvaient dans la misère et sans abri. Le Nouveau Brunswick, la Nouvelle Ecosse, les régions du lac Supérieur, l'Ottawa avaient été dévastés par le fléau. Dans ce dernier pays 200 familles étaient sans maisons. Québec surtout avait été frappé, et c'était dans ces temps d'abandon et d'affliction que l'on demandait des souscriptions. A Montréal d'importantes manufactures avaient été brûlées ; 60 maisons du village de Saint-Augustin avaient été rasées, et quelques temps après, l'incendie avait un instant menacé de détruire tout Vaudreuil N'importe ! La mère-patrie avant tout ! et partout ce devint une course au clocher de la charité. Chacun venait apporter ce qu'il avait ; les uns une part de leurs richesses ; d'autres celle de leur pauvreté ; d'autres celle de l'intelligence ; tous leurs prières pour la France.

A Montréal les souscriptions se continuèrent encore pendant quelques temps. Le 20 septembre un concert promenade s'ouvrait sous le patronage de lady Cartier et de lady La Fontaine. L'honorable M. Chapleau, secrétaire d'État, et M. de Lorimier faisaient des discours patriotiques à l'assemblée de Mile End, tenue pour venir au secours des blessés. Ce jour là on pouvait lire partout sur les murs de grandes affiches tricolores, avec ces mots : Vive la France ! Une représentation donnée au rond Saint-Jacques versa $175.77 dans la caisse des soldats : une excursion de Longueuil à Varennes rapporta $30.00 et le produit de la vente des billets du concert $564.85.

Les souscriptions canadiennes expédiées en France par le Consulat général de notre mère patrie, se chiffrent ainsi :

Traite expédiée			Somme Louis sterling	Somme Dollars
14 Septembre	1870	....	£650	
21 Octobre	"	....	£550	
1 Juillet	1871	....	£211.12.0	
12 "	"	....	£278.7.11 =	$8,450
18 "	"	....		$1,333
15 Septembre	"	....		$ 496
10 Octobre	"	....		$ 418.95
8 Novembre	"	....		$ 225.77

Ces sommes donnent un total de $10,923.72

Ajoutez la somme de $680 envoyée par madame juge Ulric Tessier, trésorière du comité des secours aux veuves et aux orphelins français réfugiés à Londres, ainsi que les $900 recueillies à Saint-Jean par l'honorable M. Marchand en faveur "des paysans qui avaient le plus souffert de la guerre contre la Prusse," et vous arrivez à un total de $12,522.12.

Voilà qui est bien, n'est-ce pas ? Ces modestes, chiffres inscrits par des pauvres, par des gens qui fûrent longtemps oubliés par la mère-patrie, prouvent que nous sommes fiers d'être de descendance française. Ils font taire les criailleries de ces impuissants qui vivent autour de nous, battent des mains dès qu'ils croient que la France chancelle, et qui se mettent à ramper pour toucher le bas de sa robe et se donner un peu du courage qui leur manque, dès qu'elle reprend sa marche grandiose à travers les siècles. Nous savons qu'on ne touche pas impunément à l'arche sainte : nous croyons fermement que Dieu—tout en la châtiant et en l'humiliant parfois—a voulu que la France reste ici bas la terre de la foi, de la chevalerie et des grandes pensées.

Voilà le *Credo* de notre patriotisme français. Ce patriotisme n'attendait que l'occasion de se manifester.

Il l'a fait en 1870, en créant ici la Souscription Nationale en faveur des blessés français des armées de terre et de mer. En cette circonstance, l'un d'entre nous a été particulièrement heureux. Un montréalais, le zouave pontifical Eustache Comte, a fait partie du corps de Charette. Il est tombé mortellement frappé sur le champ de bataille de Pathay en criant

—Vive la France !

Encore un canadien français qui lui aussi souscrivait à sa manière !

Démosthènes un jour disait :

—Déserter le poste marqué par les aïeux est un crime qui mérite la note d'infamie.

Ces paroles ne sauraient s'appliquer à notre race. L'histoire de la Nouvelle France, faite par nous, est une des plus belles pages de l'histoire de France pendant les deux derniers siècles.

Depuis la *Cession du Canada*—il est bon de faire fi de cette rumeur et d'écrire que nous n'avons pas été *Conquis* mais que nous avons été *Cédés* par des traités diplomatiques—nous n'avons pas oublié la France.

Nous, les 60,000 abandonnés de 1763, nous qui avons été délaissés par l'aristocratie, par la finance, par l'armée, par l'administration, nous les paysans laissés seuls en face de nos prêtres, nous nous sommes recueillis sous l'œil de Dieu. Nous avons prié et lutté : nous nous sommes dit qu'il fallait rester unis : dans cette union, nous avons su puiser la force invincible qui fait de nous aujourd'hui une nation de deux millions de Canadiens Français.

Nous sommes la France américaine. Nous avons pris possession de ce sol et nous le gardons, car nous sommes pleins d'espérance en la vitalité, en la fécondité de notre race. Nous n'avons pas peur des nationalités qui voudraient nous atteindre et essayer de nous faire disparaître. Notre passé nous enseigne que la famille canadienne française n'aime pas à être à l'étroit pour se développer, et qu'elle sait faire reculer à temps ceux qui la jalousent et qui nuisent à sa prospérité.

Fils de la vieille France nous sommes fiers d'avoir conservé sa langue et ses traditions.

Cédé mais non *Conquis* : voilà notre position historique.

La dernière victoire française au Canada a été celle de Sainte-Foye. Elle a été remportée par le général de Lévis, sept mois après la capitulation de Québec : voilà la vérité.

Pendant quelques jours Lévis attendit du secours de France, dans ce repli que fait la rivière Saint-Charles, repli où Jacques Cartier avait passé son premier hiver. Versailles ne répondit pas à son attente. Vainement, celui qui plus tard devait mourir maréchal de France, vainement Lévis attendit. Il fallait quitter le champ de bataille où l'on venait de vaincre l'ennemi une dernière fois !

Lévis partit de Montréal après avoir brûlé ses drapeaux et après avoir reçu les honneurs de la guerre.

Depuis ces jours là nous sommes devenus des sujets anglais, et je dois le dire hautement, nous n'avons pas à nous plaindre, car l'Angleterre a su scrupuleusement conserver vis-à-vis de nous la foi des traités. Nous, nous en avons fait autant.

Ce nouvel état de choses n'a pas rompu la chaine des traditions chez nous. La France ne venant plus à nous, nous sommes allés à elle, et depuis la *Cession* du Canada, toujours nous avons eu des Canadiens Français dans ses armées de terre et de mer.

C'est ainsi que nous avons eu les deux amiraux de Vaudreuil, nés au Canada.

Bedout, né à Québec, parti comme mousse, est mort vice-amiral de France.

Martin, né à Louisbourg, est mort vice-amiral.

Denys de Bonaventure, L'Echelle, sont morts capitaines de vaisseau.

Voilà pour la marine.

Quant à l'armée, les canadiens y ont débuté par y être representés par le général le baron de Léry chargé du commandement supérieur du génie, par Napoléon I. Cet homme a résisté à Wellington en Espagne.

Sous le second empire, nous avons eu en Crimée et en Kabylie, Casault et de Bellefeuille ; au Mexique, Huneau, tué à Medellin, Beaugrand, plus tard maire de Montréal et ancien maréchal des logis chef à la contre-guérille du colonel Dupin, Arthur Taschereau, lieutenant de chasseurs, aide-de-camp du général Wachter, plus tard aide-de-camp du lieutenant-gouverneur Caron, le signataire de cette étude, ancien capitaine au 2e bataillon d'infanterie légère d'Afrique, le même régiment qui a fait au Tonquin sous les ordres du commandant Dominé le fait d'armes de Tuyan-Quan.

Je viens de l'écrire, lorsque nous pleurions la patrie humiliée, Eustache Comte, zouave pontifical et

Canadien français, allait mourir pour la France à Pathay : au Tonquin, Jean-Louis Renaud, caporal à la 2e compagnie du 3e bataillon du 1er régiment étranger, en faisait autant à Sontay.

Aujourd'hui, la chaine des traditions se maintient encore. Chartrand, ancien capitaine au 65e régiment de Montréal est lieutenant au 3e zouave. Il est porte-drapeau : les couleurs tricolores du 3e zouave — elles ont été décorées au Mexique,—ne sauraient être en de meilleures mains. Ayotte sert aussi dans la légion étrangère au Tonquin.

Je me permettrai de placer ici un souvenir qui m'est personnel. J'ai raconté cet épisode de ma vie à une assemblée publique tenue à Hull, province d'Ontario.

Un soir, j'étais en France l'hôte de mon ami Drouin, capitaine de frégate. La scène se passait à Montmirail près de la Ferté-Bernard, département de la Sarthe.

Debout sur une terrasse, j'étais pensif au milieu des mille bruits que l'on entend au coucher du soleil.

Tout à coup je tressaille, j'écoute.—On chantait au fond du jardin la ballade canadienne qui est devenue notre chant national : *A la claire fontaine!*

Alors je vis défiler devant mes yeux tout notre passé, tous nos morts glorieux, et je me sentis pleurer.

On chantait :

> Il y a longtemps que je t'aime
> Jamais je ne t'oublierai.

Je revis nos victoires, nos défaites plus glorieuses encore que les victoires. Je vis la Nouvelle France à son berceau; je la vis grandir à travers les âges pour devenir ce qu'elle est et ce qu'elle veut être : la France catholique et américaine.

Maintenant peut-on douter de l'existence du Canada français ?

Non.

Le Canadien-français fidèle à l'Angleterre n'oubliera jamais la France. Notre pensée et notre cœur sont à notre mère-patrie.

Dernièrement un journaliste et un militaire, M. Léon de la Brière offrait au Canada une poésie.

Hommage délicat d'une des illustrations de la presse française, ces vers resteront.

Ils disaient :

> A travers l'Atlantique, une voix a parlé !
> C'est notre jeune sœur, c'est la *nouvelle France*
> Qui, dans le fier essor de son adolescence
> Adresse un cri d'appel au vieux monde ébranlé.

« Viens, Frère, viens puiser ma force et ma jeunesse !
« Viens puiser aux trésors de ma fécondité
« La puissante verdeur de ma virginité !
« De centuples moissons, assure ma promesse !

« Demande à mes sillons, demande à mes forêts,
« Ce qu'un sol épuisé refuse à ta culture,
« Et demain, pour nous deux, la moisson sera mûre ;
« Car j'ai place pour tous en mes vastes bienfaits.

« Tu rempliras chez moi tes granges appauvries ;
« Et dans mon cœur ému, tu trouveras, ardents
« Les communs souvenirs, les communs sentiments
« Et le culte jumeau de nos doubles patries.

« Tout est rempli de toi, frère trop oublieux ;
« Tout chante sur mon sol ton passé, ta mémoire ;
« J'ai cultivé ta langue et gardé ton histoire ;
« Plus fidèle que toi, j'ai conservé tes dieux !

« Loin de toi deux cents ans, j'ai grandi solitaire ;
« Mais vivace en mon cœur je retrouve ton sang ;
« Ta sœur sait refuser un autre embrassement ;
« Pour partager sa dot, elle appelle son frère ! »

On ne pouvait mieux résumer le refrain de la vieille ballade canadienne française que j'ai entendu un soir chanter dans la Sarthe, chez mon ami Drouin, capitaine de frégate, et qui m'a fait pleurer :

Il y a longtemps que je t'aime,
Jamais je ne t'oublierai.

Oui France, jamais nous ne t'oublierons. Nous l'avons prouvé depuis 1759 en te donnant le sang des nôtres. Nous venons de le prouver d'une manière plus pacifique mais toute aussi énergique en 1870 et en 1871 par la SOUSCRIPTION NATIONALE.

Québec, ce 31 décembre 1887.

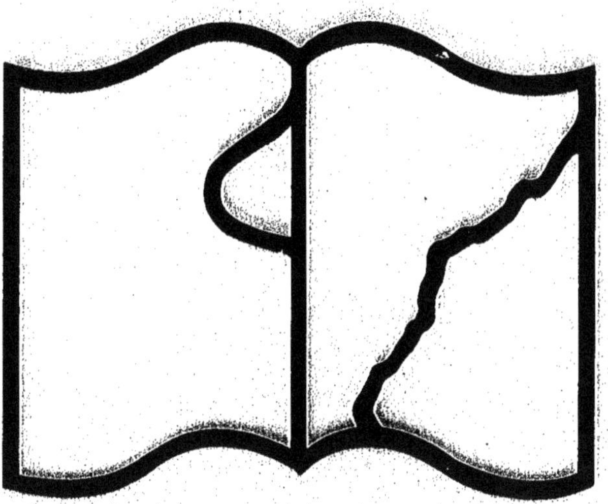

Texte détérioré — reliure défectueuse

NF Z 43-120-11

www.ingramcontent.com/pod-product-compliance
Ingram Content Group UK Ltd.
Pitfield, Milton Keynes, MK11 3LW, UK
UKHW020424230726
13925UKWH00004B/1592

9 782013 545594